Extrait des MÉMOIRES de la Société des Sciences Naturelles et Archéologiques
DE LA CREUSE

CE QU'ON SAIT
DE
L'enlumineur Evrard d'Espinques

Par Louis GUIBERT

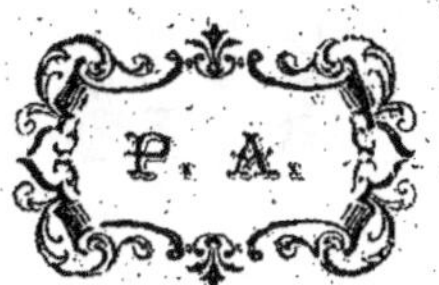

GUÉRET
Imprimerie P. AMIAULT
PLACE D'ARMES

LIMOGES
Vve. DUCOURTIEUX
RUE DES ARÈNES

1895

CE QU'ON SAIT
DE
L'enlumineur Evrard d'Espinques

Par Louis GUIBERT

GUÉRET
Imprimerie P. AMIAULT
PLACE D'ARMES

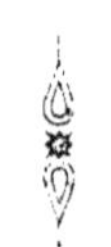

LIMOGES
Vve DUCOURTIEUX
RUE DES ARÈNES

1895

CE QU'ON SAIT

DE L'ENLUMINEUR EVRARD D'ESPINQUES

La province de la Marche n'a pas été féconde en artistes. Si nous exceptons ses tapissiers, dont la juste renommée suffit assurément à honorer la terre natale, mais qui n'ont aucun conquis de célébrité personnelle d'une très haute volée, nous ne trouvons guère de noms d'artistes — peintres, sculpteurs, musiciens, architectes — dans la liste des fils illustres de cette contrée. Tout ce qui se rapporte aux marchois d'origine ou aux enfants d'adoption de la province ayant obtenu quelque notoriété dans les arts, mérite donc d'être recueilli avec un soin particulier.

Un notaire d'Ahun, du nom d'Évrard, qui vivait au XVIe siècle et qui écrivait dans un style peu différent du langage prêté par Rabelais à son écolier Limousin, a laissé une « Chronique » (1) informe, diffuse, d'un assez mince intérêt du reste. Deux copies de cet opuscule, attribuées l'une au dix-septième, l'autre au dix-huitième siècles par M. Auguste Bosvieux, ancien archiviste de la Creuse, furent retrouvées dans les vieux cartons de cette étude et communiquées il y a quelque quarante ans par le titulaire d'alors, M. Jorrand, à trois ou quatre érudits. Editée pour la première fois à Clermont-Ferrand, en 1857, par M. Grange (2), cette Chronique a été publiée de nouveau, en 1892, d'après une copie due à M. Bosvieux, par M. l'abbé A. Lecler, dans le tome IV des *Archives Histo-*

(1) *Histoire de l'Antique ville d'Ahun en la province de la Marche.* On ne sait trop pourquoi cette dénomination de chronique a été donnée à l'opuscule d'Evrard, qui est plutôt une notice géographique et descriptive, avec des renseignements archéologiques.

(2) Clermont-Ferrand, Ferd. Thibaud, in-12, de 47 pages.

riques du Limousin (1). Evrard ne s'est pas contenté de recourir à la prose pour exprimer sa pensée ; il l'a aussi traduite en vers. Il existait, dans les copies de ses manuscrits conservées par M. Jorrand, une complainte de sa façon, à laquelle il avait donné le titre pompeux d'*Odes Saphiques*, mais où on chercherait en vain un écho, même fort affaibli, des grands lyriques de l'antiquité. Cette rapsodie sans élan ni charme, vide de pensée, faible de versification, pauvre de rime, dénote avec combien peu de succès la poésie était cultivée dans ce petit coin de la Haute-Marche, au temps de Ronsard et de la Pléïade.

Il n'y a pas accord complet, entre les personnes qui se sont occupées de la famille Evrard, sur l'identité du notaire-chroniqueur et sur l'époque à laquelle il a vécu. C'est ainsi que François Xavier Ranon de Lavergne, « Président d'Ahun », place en tête d'une généalogie dressée par lui en 1768 « Evrard d'Epinque, greffier en la châtellenie d'Ahun et historien », lequel vivait « en 1471 ». Cette indication est erronée. L'auteur de l'*Histoire de l'antique ville d'Ahun*, lui-même, dans un document dont nous parlerons un peu plus bas, déclare qu'Evrard d'Espinques est son grand-père, et la Chronique publiée par M. Grange appartient sans conteste au seizième siècle, non au quinzième.

Bosvieux, qui signala le premier, dans son rapport de 1863 au Conseil général de la Creuse, l'existence d'un enlumineur du nom d'Evrard d'Espingues, d'Espinques ou de Pinques, confondit l'aïeul de notre chroniqueur avec son bisaïeul et évita d'indiquer le prénom du notaire écrivain. M. de Cessac, dans le *Bulletin de la Société des Sciences Naturelles et Archéologiques* de Guéret, garda la même réserve. Il semble toutefois qu'aucun doute ne puisse subsister sur l'identité du personnage qui nous occupe. L'auteur de l'*Histoire d'Ahun* est Simon Evrard, fils de Jacques et petit-fils de l'enlumineur. Simon était né dans les premières années du seizième

(1) Limoges. F. Plainemaison, 1892, in-8°, pages 5 à 45. La copie préparée par Bosvieux se trouve maintenant aux Archives de la Haute-Vienne, fonds Bosvieux, série F.

siècle, son père et sa mère, Jeanne Phelippon, n'ayant été mariés que postérieurement au 1er janvier 1500. Lui-même épousa, entre 1525 et 1530, Gilberte de Marcillat, dont il eut au moins cinq enfants ; l'aîné de ceux-ci, Jean, fonda à son tour une famille en 1551. Simon vivait encore en 1562 (1).

Ce que fit de mieux notre tabellion, fut d'écrire, sur ses ascendants, quelques pages dont les premières nous ont été heureusement conservées ; ces pages ont pour nous un intérêt plus réel que tout le reste de ses œuvres (2). Ajoutons qu'on ne possède pas moins de trois copies de cette généalogie ; la plus ancienne, accompagnée de celle de la *Chronique*, de la vie de St-Sylvain et des « Odes Saphiques », est attribuée au dix-septième siècle. L'auteur de cette copie, atteste qu'au moment où elle a été prise, le manuscrit original était déjà « déchiré et rompu ». Il ajoute que ce manuscrit remontait « entour l'année 1560 ».

Le notaire avait vu le jour à Ahun ; mais ses parents n'étaient pas originaires de la France. Son bisaïeul, Théodoric, était né dans une ville du diocèse de Cologne que la généalogie de Simon nomme Yverte (3). Théodoric avait pour femme Marguerite Stangval (al. Itangual), issüe de noble lignée, et il possédait, aux pays rhénans, « un beau lieu appelé des Pinques ou d'Espinques », dont il portait le nom. Ses deux fils quittèrent de bonne heure l'Allemagne. L'un d'eux, Jean, s'établit en Flandre et se maria à Tournai. L'autre,

(1) Généalogie dressée par le président Ranon de La Vergne.

(2) Une copie manuscrite de ce fragment, qui a été publié par M. de Cessac dans le *Bulletin de la Société des Sciences Naturelles de la Creuse*, et de nouveau imprimé par M. Lecler, existe dans les papiers de la famille Ranon de La Vergne. Cette copie, qui est de la main du châtelain d'Ahun, auteur de la généalogie déjà mentionnée, offre un certain nombre de ratures, et son aspect, qui est celui d'un brouillon et non celui d'une copie, serait de nature à faire suspecter tout au moins la forme sous laquelle ce curieux document nous est parvenu.

(3) Nous ne croyons pas qu'il puisse s'agir ici d'Ypres (Yppern). Cette ville a appartenu à l'archi-diocèse de Cologne, mais elle était bien éloignée de la métropole et du Rhin.

Evrard, vint à Paris vers 1429 ou 1430, pour y étudier. Celui-ci, après l'avènement de Louis XI, entra au service de Jacques d'Armagnac, duc de Nemours, que le roi fit, comme on sait, mettre en prison après avoir déjoué les desseins de la Ligue du Bien Public, et envoya à l'échafaud le 4 août 1477. Jacques était comte de la Marche. C'est à ce fait qu'il convient d'attribuer la venue et l'établissement d'Evrard d'Espinques dans la contrée. L'allemand s'y fixa, selon toute vraisemblance, dès son mariage : on a dans, tous les cas, la certitude, par le témoignage précis d'un document dont nous allons parler un peu plus loin, qu'il fit un séjour de sept mois et demi dans la ville d'Ahun, deux ans après la mort du duc de Nemours.

La *Généalogie* dressée par le petit-fils d'Evrard d'Espinques nous apprend quel talent avait valu à ce dernier les bonnes grâces du Comte de la Marche. L'étranger les devait à son habileté dans l'art de l'enlumineur, « auquel art et autres louables exercices il etoit grandement de merite », sachant « tirer à la main histoires de diverses façons » et « portraits au vif ».

M. Bosvieux avait, comme nous le disions plus haut, consigné dans un de ses rapports l'indication donnée à cet égard par la notice généalogique dont l'étude de M. Jorrand gardait les copies; mais il avait, on l'a vu également, confondu le fils avec le père, Evrard avec Théodoric. M. Pierre de Cessac rectifia cette erreur dans un article où il reproduisait le passage du manuscrit du notaire du seizième siècle qui se référait à ses ascendants (1). Il ajoutait qu'Evrard d'Espinques fit son testament à Ahun, en 1494, et y mourut. Ce testament était gardé dans la famille du tabellion-chroniqueur : l'auteur de la plus ancienne des copies des œuvres de Simon Evrard, atteste qu'il possédait cette pièce « dans la liasse de la généalogie des Evrard » (2).

En même temps que le fragment subsistant de cette généalogie,

(1) *Bulletin de la Société des Sciences naturelles et archéologiques de la Creuse*, t. VI, page 60 et suivantes.

(2) Nous sommes porté à croire que la copie attribuée par Bosvieux au XVIIe siècle était écrite de la main de François Xavier Ranon de La Vergne et ne remontait pas, par conséquent, au-delà de la seconde moitié du XVIIIe siècle. La mention faite ici de la liasse de la généalogie des Evrard nous confirme dans cette opinion.

M. de Cessac donnait la transcription incomplète, due à Bosvieux, d'une autre pièce très précieuse, qui concernait l'enlumineur et que l'archiviste de la Creuse avait achetée en 1861 à Clermont-Ferrand. L'original de ce document ne s'est pas retrouvé, et il faut regretter doublement les lacunes importantes qu'offre la copie imprimée dans les *Mémoires* de la Société Guérétoise.

Cette pièce, par malheur non datée, est une supplique de Gabrielle de Montb... (Bosvieux n'avait pu déchiffrer entièrement le nom), « pauvre gentilfemme, vefve de feu Evrard Despinques, habitant et demeurant en la ville d'Ahun », adressée au duc de Bourbon et d'Auvergne, comte de la Marche — Pierre II de Bourbon, sire de Beaujeu — peu de mois après la mort de son mari. Cette requête rappelait que le duc de Nemours avait octroyé, « en contratz de mariaige », à Evrard et à sa femme, « pour aucuns bons et agreables services qu'il luy faisoit chascun jour de son mestier de enlumineur et qu'il esperoit qu'il feroit le temps advenir » (1), une rente de quarante livres tournoises, vingt setiers seigle et quatre setiers froment, mesure d'Ahun, payés chaque année par le Trésorier de la Marche (2). La fin de la pièce manque ; mais il n'est pas douteux que la veuve sollicitait du prince la continuation du paiement de cette pension.

Nous ne sommes pas bien sûr qu'Evrard d'Espinques soit mor l'année même où il testa, ainsi qu'on l'a supposé sans raison particulière, croyons-nous. L'artiste prit ses dernières dispositions à un âge avancé — il devait bien avoir quatre-vingts ans en 1494 — mais se trouvant en parfaite santé, comme on le verra plus loin, par les termes mêmes de son testament. En cela, du reste, il ne faisait que se conformer à l'usage général. On n'attendait pas, au Moyen-Age, et même dans des siècles plus rapprochés de nous, les avertisse-

(1) Ce sont, de toute évidence, les termes mêmes de la donation qui sont rappelés ici.

(2) Quarante livres tournois représentent environ 241 francs d'alors, soit 1200 à 1450 fr. d'aujourd'hui. Les grains ne peuvent être évalués, cours moyens, à moins de 30 à 35 fr. du temps, soit 150 à 210 d'aujourd'hui. C'était donc un revenu d'une certaine importance que constituait Jacques d'Armagnac au jeune ménage.

ments de la maladie pour arrêter ses volontés et les consigner dans un acte solennel. Nos aïeux pensaient souvent à la mort : ils prévoyaient ses surprises et prenaient leurs précautions en gens avisés, en pères de famille prudents, en bons chrétiens. Nous avons insisté sur ce trait de mœurs dans une étude publiée il y a plus de dix ans sur la Famille Limousine (1), et nous avons ailleurs relevé ce conseil donné à ses neveux par un bourgeois de Limoges au quatorzième siècle : « Tenez votre testament prêt et le refaites chaque année » (2).

Nous avons eu la bonne fortune de retrouver, dans les papiers de la famille Ranon de La Vergne, originaire de la Marche et alliée des Evrard — papiers dont nous devons la communication à l'obligeance de notre excellent confrère M. l'abbé A. Lecler — avec une copie du fragment généalogique écrit de la main de François Xavier Ranon de Lavergne, trois documents inédits ayant trait à notre enlumineur et à sa famille, et qui méritent d'être publiés. C'est d'abord son testament, daté du 12 mai 1494 et sur lequel nous reviendrons plus loin. Vient ensuite le contrat de mariage de Jacques, son fils, 1er janvier 1499 vieux style (1500). A ces pièces est joint un mémoire non daté, écrit, tout tend à le démontrer, de la main de l'artiste lui-même, et dressé postérieurement au 1er novembre 1480. Ce mémoire est relatif à l'exécution de deux ouvrages soignés, commandés de toute évidence à Evrard par un grand personnage, peut-être par Pierre de Bourbon, son nouveau seigneur (qui avait recueilli, nous apprend avec sa bienveillance ordinaire M. Léopold Delisle, une partie de la librairie du duc de Nemours, on ne sait trop dans quelles circonstances), ou par la femme de Pierre, Anne de France, la future régente, ou même par Louis XI ; car deux des à-compte dont le paiement est mentionné à notre document ont été acquittés par le receveur du Comté de la Marche pour le Roi.

(1) *La Famille Limousine d'autrefois, d'après les testaments et la Coutume*. Limoges, veuve H. Ducourtieux et Leblanc, 1883.

(2) *Et que tenhant lour testament fach et que lo refassant chascun an*. (Livre de raison d'Etienne Benoist. Limoges, veuve Ducourtieux, 1882, page 31).

A la pièce dont il s'agit, on trouve des indications de deux sortes : d'abord, le compte de la main-d'œuvre, le nombre et le salaire des journées consacrées par l'enlumineur à l'exécution du travail commandé ; en second lieu, le compte des fournitures, le relevé et le prix des couleurs et des accessoires qu'il y a employés.

Le travail n'a pas duré moins de quinze mois. Les journées ne sont pas portées à un haut prix : un sou quatre deniers, équivalant, d'après les tables de M. de Wailly (1), à 0 fr. 40 c. 16 : en supposant que le pouvoir de l'argent fût alors cinq ou six fois plus grand qu'à présent, on arrive à faire ressortir le prix de la journée entre 2 fr. et 2 fr. 40, et le salaire mensuel entre 60 et 72 fr. — pour quinze mois, 900 à 1080 fr. — Il faut ajouter un supplément pour la dépense faite par l'artiste pendant la durée de son séjour à Ahun, au cours de cette période, séjour qui, on l'a vu plus haut, n'a pas duré moins de sept mois et demi : à vingt-cinq sous par mois, c'est, au compte d'Evrard, 9 livres 7 sous 6 deniers, représentant, selon l'évaluation ci-dessus, 56 fr. 48 c., soit 282 fr. à 339 fr. Un travail de quinze mois a donc été payé à l'artiste de douze à quatorze cents francs. Ce résultat ne semble-t-il pas témoigner une fois de plus des défectuosités de nos évaluations rétrospectives et ne fait-il pas resortir la nécessité d'introduire dans nos supputations de nouveaux facteurs ?

Cette modicité des salaires de l'enlumineur s'expliquerait toutefois si le travail auquel se rapporte ce mémoire avait été exécuté pour le compte de Pierre de Bourbon. Les prix de journée qui y figurent ne constitueraient plus dans ce cas qu'un supplément aux rentes données par Jacques d'Armagnac et continuées par son successeur à Evrard d'Espinques « pour les bons et agreables services qu'il lui faisoit chacun jour de son mestier de enlumineur ».

La dépense pour l'achat des couleurs, de la gomme à l'aide de laquelle celles-ci étaient détrempées et de quelques accessoires, s'élève à

(1) Voir les tableaux présentant la valeur de la livre tournois à diverses époques et insérées au tome XXI des *Mémoires de l'Académie des Inscriptions et Belles Lettres* (nouvelle série).

seize livres cinq sous : 98 fr. environ, soit 490 à 600 fr. valeur actuelle. C'est en tout cinquante-cinq livres douze sous six deniers — 1700 à 2000 fr. d'aujourd'hui — ni plus ni moins, qu'a coûté au noble client d'Evrard, quel qu'il fût, Pierre de Bourbon ou tout autre, l'enluminure complète, lettres ornées, vignettes et « hystoires », des deux ouvrages dont il est fait mention au mémoire.

Nous ne croyons pas que les volumes mêmes illustrés par Evrard soient connus, du moins aient été signalés ; mais les deux ouvrages qu'il enrichit de ses peintures étaient fort en vogue de son temps. L'un est le roman de Tristan et de la Belle Yseult, un des plus célèbres et des plus galants de ce cycle fameux de la Table Ronde, qui charma bien des imaginations et dont le héros de Cervantes ne fut pas le dernier lecteur. L'enlumineur désigne l'autre sous un titre qui ne correspond guère à l'objet réel de l'ouvrage : celui de « *Livre du Propriétaire* ». C'est le nom qu'on donnait couramment à la traduction faite par Jean Corbichon, pour le roi Charles V, du livre de Barthélemy L'Anglais intitulé : *Liber de poprietatibus rerum*. On constate l'existence d'exemplaires de cet ouvrage dans toutes les grandes *librairies* de ce temps, et il a été plusieurs fois imprimé dans le dernier tiers du quinzième siècle.

La pièce nous donne une idée assez exacte des ressources dont disposait le coloriste et nous fait connaître la composition de sa palette. Pour les travaux auxquels se rapporte le mémoire, Evrard, outre l'or et l'argent, a employé le vermillon, la « mine », — le rouge de minium, sans doute, — le rose de Paris, l'azur, le massicot jaune ; deux verts : le vert de flambe (cette couleur tenait-elle ce nom de l'iris d'Allemagne, ou bien de son aspect ou de son mode de préparation ?) et le vert de montagne (nom qui sert encore à désigner un cuivre carbonaté) ; deux noirs : le noir de fumée et un autre dont l'artiste ne donne pas la dénomination spéciale ; enfin le blanc, et peut-être une onzième couleur, désignée dans un article dont les premières lignes se trouvent complètement effacées.

Evrard paraît n'employer qu'une espèce d'argent ; mais il met en œuvre deux sortes d'or : l'or « fin » et l'or « moulu ». Cette dernière dénomination est de nos jours encore donnée à la préparation, de qualité inférieure, qui sert à dorer les métaux. Voilà donc treize éléments au moins auxquels a recours notre artiste.

On sait que la peinture était florissante en Allemagne au quinzième siècle. Cologne surtout, la « Rome du Nord », avait vu de bonne heure les arts renaître dans ses murs. Son école de peinture se distinguait par son idéalisme sans exagération, son inspiration ingénue, son originalité discrète. Au quatorzième siècle, des maîtres étaient venus donner le sceau à sa réputation et consacrer sa supériorité sur les autres écoles de la Germanie. A côté des grands artistes qui l'illustrèrent à cette époque, nombreux étaient les peintres de second ordre, les modestes enlumineurs dont l'inspiration s'alimentait à la même source et dont le talent s'exerçait aux mêmes sujets. Peut-être Théodoric d'Espinques, quoique noble, ou vivant noblement, selon l'expression caractéristique de nos pères, était-il expert dans l'art où devait se distinguer son fils et avait-il donné à celui-ci les premières leçons.

Evrard avait certainement quitté fort jeune les pays rhénans. Il était arrivé à Paris, son petit-fils l'atteste, au temps où les prodigieux exploits de celle que Villon a appelée « la Bonne Lorriane » (1) sauvaient la France et la royauté. L'enlumineur avait épousé Gabrielle de Montb... avant la mort du duc de Nemours, puisque celui-ci était intervenu au contrat pour doter de revenus assez considérables — 14 à 1700 francs d'aujourd'hui — les futurs époux. Il est hors de doute que cette libéralité avait été faite avant la captivité du duc, et même avant les évènements qui précédèrent immédiatement l'expédition dirigée par Pierre de Beaujeu contre le malheureux prince. Au surplus, le contrat de mariage de Jacques Evrard, fils de l'artiste, en date du 1er janvier 1500, ne faisant mention de l'intervention d'aucun tuteur ni parent, et le futur comparaissant et stipulant sans l'autorisation ni l'assistance de personne,

(1) Les derniers travaux de l'érudition font de Jeanne d'Arc une champenoise et par conséquent une française : Il ne pouvait en être autrement. M. l'abbé Misset, directeur de l'école Lhomond, a présenté avec une précision extrême et avec une grande autorité les arguments décisifs qui paraissent devoir clore la d scussion.

il y a lieu de penser qu'il avait au moins vingt-cinq ans à cette époque ; le mariage de ses parents devait donc être antérieur à l'année 1475. Il y a d'autant plus de raison de le croire, qu'à la date de 1475, l'enlumineur, venu en France en 1429 ou 1430, ne pouvait avoir moins d'une soixantaine d'années. Jacques d'Armagnac, d'autre part, n'ayant hérité du Comté do la Marche qu'en 1455, c'est entre 1455 et 1476, et plus probablement entre 1471 et 1476 qu'il convient de placer la date de son mariage.

On a sans doute remarqué plus haut, parmi les renseignements que fournit la requête adressée par la veuve d'Évrard d'Espinques à Pierre de Bourbon, une indication d'une certaine portée : la rente en nature donnée par le Comte de la Marche à l'artiste, lors de son mariage, est évaluée à la mesure d'Ahun. Il y aurait donc lieu de présumer ou bien qu'Evrard était dès cette époque fixé dans cette ville, y résidait tout au moins, ou bien que la future appartenait à une famille de la contrée. Les noms commençant par Montb... y sont assez communs ; nous connaissons Montbas, Montbaron, Montbarteix, Montbardoux, Montbreger, Montboucher et bien d'autres. La seconde hypothèse offre plus de probabilité que la première. Du mémoire résumé plus haut, on pourrait inférer en effet que l'enlumineur, avant 1480, n'habitait pas d'une façon définitive la ville d'Ahun. Nous avons vu qu'il y passa sept mois et demi, du 1er décembre 1479 au 15 juillet 1480, occupé à l'exécution du travail qui lui avait été confié. Ce travail, il l'avait commencé, il nous l'apprend lui-même, à « Lisle », où peut-être il l'a aussi terminé. Il n'est guères probable qu'il s'agisse ici de Lille en Flandre : il y a des localités portant le nom de Lisle, non seulement dans la Marche, mais dans le Bourbonnais, en Berry, en Touraine et dans bien d'autres provinces. On n'ose donc hasarder une conjecture. Ce qui n'est pas douteux, c'est qu'après sept mois et demi de séjour à Ahun, il en était parti, très vraisemblablement pour se rendre à Bourges ; nous voyons figurer dans le relevé des à-compte reçus par l'enlumineur et rappelés à son mémoire, quatre livres à l'occasion d'un voyage dans cette ville.

Pendant son séjour à Ahun, Evrard reçoit du seigneur pour lequel il travaille une indemnité mensuelle de vingt-cinq sous, en supplément au salaire de quarante sous par mois fixé pour toute la durée de l'ouvrage. On peut considérer le paiement de ce supplément d'honoraires comme une preuve que l'artiste n'habitait pas cette localité. Il serait toutefois permis, non sans une certaine vraisemblance, de voir, contrairement à notre opinion, dans le paiement de cette indemnité, un indice de la résidence habituelle, et pour ainsi dire officielle, de l'enlumineur à Ahun ; il aurait eu droit à cette pension pour le temps seulement durant lequel il aurait effectivement habité cette ville, ou peut-être les terres du Comte de la Marche... Mais c'est assez d'hypothèses.

Le testament d'Evrard établit d'une façon catégorique qu'en 1494 l'artiste était fixé dans la localité où sa famille vécut longtemps. Non seulement il est qualifié à cette pièce « d'habitant d'Ahun », mais on constate, par diverses clauses, qu'il possède dans la localité, outre les redevances provenant de la libéralité du duc de Nemours, des immeubles et rentes foncières, lesquels ne doivent pas être tous énumérés à l'acte. Un détail, du reste, ne peut laisser aucun doute à cet égard ; Evrard a, dans le cimetière de la paroisse, auprès du grand portail de l'église, « des tombeaux » où reposent sans doute des enfants morts en bas âge. A la date du 12 mai 1494, il ne lui reste en effet qu'un fils, Jacques, et une fille, Catherine, provenant de son union avec Gabrielle de Montb... et c'est une progéniture bien réduite, eu égard au grand nombre de rejetons que comptaient le plus souvent nos familles d'autrefois.

Suivant l'usage très répandu dans la Marche, le testateur laisse à sa veuve l'usufruit de tous ses biens (1) et institue héritier universel son fils, Jacques. A Catherine il assigne en dot sa maison et son verger de la rue neuve, avec soixante livres une fois payées (2) — 11

(1) En Limousin, à Limoges en particulier, la femme était souvent associée au fils aîné, comme héritière universelle.

(2) La livre, en 1494, équivalait à 5 fr. 471319, soit 27 à 33 fr. d'à présent.

à 1300 fr. d'aujourd'hui. Des legs pieux complètent ces dispositions. Les noms des témoins, pas plus que ceux des exécuteurs testamentaires, ne fournissent aucune indication sur la famille d'Evrard ni de sa femme.

Evrard d'Espinques mourut entre le 12 mai 1494 et le 1er janvier 1500. Nous avons dit déjà qu'à l'acte fixant les conventions préliminaires arrêtées en vue du mariage de son fils Jacques avec Jeanne Phelipon, de Barbant, paroisse de St-Laurent (1), il n'est fait mention ni d'Evrard ni de Gabrielle. Il faut en conclure que l'un et l'autre étaient alors décédés. Les stipulations du contrat sont sans intérêt. Notons seulement qu'un des témoins de cet acte, désigné pour recevoir et apprécier la dot de la future, Jean de Seyvac, appelé ailleurs Jean Leclerc de Ceyvac (2), a été un des deux exécuteurs testamentaires de l'enlumineur. On pourrait y voir un parent ou un allié de Gabrielle.

Dans sa notice généalogique, que nous avons eu déjà l'occasion de mentionner, le châtelain Ranon de Lavergne donne à Evrard le titre de « greffier en la châtellenie d'Ahun », et fait accompagner son nom d'une seule date : 1471. Il n'est pas impossible que l'enlumineur ait été investi de ces fonctions et les ait exercées. Aucun toutefois des documents anciens que nous connaissions ne le lui attribue, et la requête adressée par sa veuve à Pierre de Beaujeu n'en fait pas mention. Nous ignorons sur quelle donnée le généalogiste a inscrit la date de 1471 à la suite du nom d'Evrard : s'il a vraiment eu entre les mains un document établissant qu'à cette date l'enlumineur était déjà fixé à Ahun, une hypothèse formulée plus haut trouverait là sa confirmation. Toutefois il faudrait admettre qu'en 1479-1480 Evrard n'occupait plus l'emploi de greffier ; on se figurerait difficilement un greffier ne résidant que sept mois et demi sur quinze au siège de son tribunal.

Il paraît qu'après avoir fourni à la ville d'Ahun plusieurs générations de notaires irréprochables, et aux châtellenies de la contrée

(1) Aujourd'hui commune du canton de Guéret.

(2) Ceyvat (commune de La Rochette).

un certain nombre de juges, procureurs et avocats, la famille Evrard quitta Ahun au siècle dernier. On assure qu'une branche de la descendance de l'enlumineur s'était, dès la fin du XVIIe siècle ou les premières années du XVIIIe, établie à Limoges, et M. l'abbé Lecler rappelle que les registres paroissiaux de St-Maurice en la Cité mentionnent, sous la date du 10 novembre 1711, un Jean Evrard, maître tapissier. C'est, suivant le même érudit, à cette famille que doit son nom le village de Pont-Evrard, aujourd'hui commune du Moutier-d'Ahun, sur la rive droite de la Creuse.

Ajoutons que, d'après le recueil général des armoiries concédées ou confirmées à la suite de l'édit du mois de novembre 1696, les Evrard portent *d'azur à trois lévriers d'argent* (1).

On n'a jusqu'ici signalé aucun manuscrit décoré de peintures de la main d'Evrard d'Espinques. Peut-être de nouvelles recherches, ou l'étude plus attentive des ouvrages provenant de la librairie de l'infortuné Jacques d'Armagnac, dont plusieurs ont été recueillis par la Bibliothèque Nationale, permettront-elles de reconnaître avec certitude quelques unes de ses œuvres, et serons-nous ainsi mis à même d'apprécier le talent de cet artiste venu d'Allemagne pour faire souche d'hommes de loi dans une petite ville de la Marche.

LOUIS GUIBERT.

(1) Généralité de Moulins. Reg. I. (Guéret) n° 63 (à la Bibl. Nationale).

DOCUMENTS

I

Mémoire relatif à l'enluminure de deux ouvrages : les « Trois livres de Tristan » et le « Livre du Propriétaire » — original, papier — (vers 1480).

(1) ....

.... tant pour .... que aussy pour les couleurs que j'ay mises aux trois livres de *Tristan* et au *Propristaire* ; item, pour la despense que j'ay faicte audit lieu d'Ahun, depuis le premier jour de decembre, l'an mil CCCC LXXIX jusque au XVe jour de juilhet l'an mil CCCC IIII^xx^, que sont VII mois et demy, dont me fu ordone par Monsieur de Chaseauben [eix ?] et par Jacques Barthonnier, la somme de XXV^s^ par mois, que sont, en somme, pour lesd. VII mois et demy, IX^l^ VII^s^ VI^d^ ; et ay demouré, pour enluminer et hystorier lesd. livres, tant a Lisle que aud. lieu d'Ahun, XV mois entiers [c'est ass^r^ depuis le premier jour d'oust, l'an mil CCCC LXXIX jusques au premier jour de novembre l'an mil CCCC IIII^xx^] (2), que montent, en somme, a XL^s^ par mois............ XXX^l^

et pour lesd. VII mois et demy.............. IX^l^ VII^s^ VI^d^

Que est en somme............ XXXIX^l^ VII^s^ VI^d^

Sur quoy ay receu de mond. s^r^ les sommes que s'ensuivent :

Et premierement, par les mains de Jacques Barthonnier, serviteur de mond. s^r^, ay receu la

(1) Les premières lignes de la pièce sont à peu près complètement effacées.

(2) Les mots entre crochets sont en renvoi, dans la marge de la pièce.

somme de.......... .... Cinq^{l}

Item, plus ay receu, par les mains de Colin, serviteur de mond. s^{r}, pour aller a Bourges, la somme de.............................. IIII^{l}

Item, plus ay receu, par les mains de Jehan Raquet, (1) recepveur pour le Roy en la conte de la Marche, la somme de..................... Dix^{l}

Item, plus ay receu de mond. s^{r}, par les mains de Colin, son serviteur, la somme de........... LXX^{s}

Item, plus ay receu de Jacqes Barthonnier, serviteur de mond. s^{r}, la somme de............ Cinq^{l}

Item, plus ay receu, par les mains dud. Jehan Raquet, recepveur pour le Roy en la Conte de la Marche, la somme de...................... X^{l}

Et par ainssy, me reste a poyer, tant pour lesd. XV mois que pour la despense faicte aud. lieu d'Ahun, par l'espace de VII mois et demy, la somme de.............................. XXXVII^{s} VI^{d}

S'ensuict les couleurs que j'ay mis et exploictes pour enluminer et hystorier lesd. trois livres de *Tristan* et aussy le *Proprietaire*, depuis led. premier jour d'oust, l'an mil CCCC LXXIX, jusques au premier jour de novembre, l'an mil CCCC IIII xx :

Et premierement pour enluminer les grans lettres dud. premier livre de *Tristan* et la vignecte, a [este] exploicte et mis deux quarterons d'or,

(1) Jean Raquet cumulait probablement, comme il fit plus tard et comme firent ses prédécesseurs, les fonctions de Receveur du Roi et celles de Trésorier du Comte de la Marche. Il était encore trésorier de la Marche en 1507 ; Louis Raquet, écuyer, sieur du Mons, peut-être fils du précédent, fut confirmé dans les mêmes fonctions le 17 mars 1526 (vieux style) : 1527.

que coustent chacun carteron VII^{s} VI^{d}, que font .... XV^{s}

Item, plus pour faire les aultres lettres d'azur et aussy achampir et faire les hystoires dud. premier livre, a este mis et exploicte deux onses d'azur, que coustent .... XXXII^{s} VI^{d}

Item, plus pour roze de Paris, mis et exploicte, tant aux hystoires que aussy pour champir les grans lettres dud. livre, une onse, que couste... VII^{s} VI^{d}

Item, plus pour faire les lettres dud. livre, a este exploicte une onse vermilhon, que couste... XX^{d}

Item, plus pour enluminer les lettres, vignectes et les files (*sic*) des hystoires du *Livre du Proprietaire*, a esté mis et exploicté un cent d'or fin que couste.. XXX^{s}

Item, pour faire les hystoires et les vignectes dud. *Livre du Proprietaire*, a este mis et exploicte deux onses d'azur, au pris de XV^{s} l'onse, et par ce. XXX^{s}

Item, plus pour une aultre onse d'azur, mis et exploicte a champir les grands lettres dud. *Livre du Proprietaire*, que couste.................. XII^{s} VI^{d}

Item, plus pour faire les hystoires, lettres et vignectes dud. *Livre du Proprietaire*, a este mis et exploicte deux onses de roze de Paris, que couste VII^{s} VI^{d} l'onse, que font en tout......... XV^{s}

Item, pour enrichir les hystoires vignectes dud. livre, a este mis et exploicte molu, la somme de................................ XL^{s}

Item, plus pour enrichir lesd. hystoires dud. *Livre du Proprietaire*, a este exploicte en argent molu.. VII^{s} VI^{d}

Item, pour faire les grandes lettres des deux livres de *Tristan*, a este mis et exploicte trois quarterons d'or fin, que coustent.............. XXII^{s} VI^{d}

Item, plus pour *enluminer les petites lettres* et aussy les grandes lettres et hystoires des deux derniers livres de *Tristan*, a este exploicte et mis trois onses d'azur, que coustent............ XXXIIs VId

Item, plus pour faire les grandes lettres et hystoires desd. deux livres de *Tristan*, a este mis et exploicte deux onses roze de Paris, que coustent. XVs

Item, plus pour enluminer et rebricher lesd. deux livres de *Tristan*, a este exploicte en vermilhon................................ IIs VId

Item, pour demye livre de blanc, mis et exploicte affere assiecte (*sic*) et aulx Hystoires dud. livre de *Tristan* et *Proprietaire*, que couste. Vs

Item, plus en vert de flambe, mis et exploicte en toutes les hystoires desdicts livres, que couste. Xs

Item, plus en vert de montaigne, mis et exploicte en toutes les hystoires desd. livres, que couste................................ Vs

Item, massicot jaune, mis et exploicte en toutes les hystoires dessusd...................... IIIIs IId

Item, plus pour myne mise et exploictee en toutes les hystoires dessusd................. IIIs IIIId

Item, plus or molu mis aux trois livres de *Tristan*, tant aux hystoires que aux vignectes.... XVs

hystoires dessusd. que couste. IIIs

Item, plus pour noir de fumee et aultre noir mis et exploicte en toutes les hystoiresdessusd. et vignectes ou lettres desd. livres, que couste..... Vs

Item, plus pour gomme a destremper toutes les couleurs dessusd., que couste............ VIIIs IIIId

Item, plus pour floret a arondir les hystoires du *Proprietaire*, que cousle........................ II^s VI^d

Somme toute que montent lesd. couleurs..... XVI^l V^s

Cote au dos : *La mise et despense faicte par moy, Evrard, pour achever le livre nomme* Tristan. — On lit, en marge, d'une écriture plus récente : *Brief estat des couleurs et autres emplois faits par Evrard d'Espinques aux* 3 *livres de* Tristant *et au* Proprietaire.

II

Testament d'Evrard d'Espinques
Expédition du temps, parchemin. — 12 mai 1494

A tous ceulx qui ces presentes lettres verront et ourront, Jehan Cherdebeuf, licentie en loix, chancellier de la Marche, (1) salut. Scavoir faisons que, par davant Jehan Gaul, notere jure de lad. chan [celle] rie, a este present et estably personnelement Evrard Despinques, habitant d'Ahun, lequel estant en sa bonne memoire et en son bon sens, bien pourveu et conseilhe de son faict, non (2) estant malade de son corps, considerant la chouse plus certaine estre la mort, la chouse plus incertaine estre l'eure de la mort, non voulant deceder intestat, de son bon gre et volunte, a faict, constitue et ordonne son darnier testament et darniere volunte en la forme que s'ensuyt. — Et premierement, en faisant le signe de la croix et disant : *In nomine Patris et Filii et Spiritus Sancti, Amen*, a recommande son corps et son ame a Nostre Seigneur Dieu Jhesus Crist. A volu et ordonne que, appres que son ame sera separee de son corps, que sond. corps soit mis et inhume en ses tumbes, au cimitiere d'Ahun, auppres du grand portal de l'esglize d'Ahun. Item, a volu et ordonne led. testateur que tous les prebres de la ville d'Ahun et de la paroisse d'Ahun, chacun prebre ait vingt deniers t^s pour celebrer chacun une messe pour le salut de son ame, et aux estrangiers chacun quinze deniers. Item, a volu et ordonne icelluy testateur, ez chappelain et prebres de la communaute d'Ahun, une (sic) anniversaire, *sive* une

(1) Jean Chardebeuf fut nommée chancelier de la Marche le 25 avril 1492, en remplacement du seigneur de Montbas, décédé.

(2) On ne saurait lire : *mais*. Toutefois il ne serait pas impossible qu'il y eût. *non o(b)stant maladie de son corps*.

messe de mortz simple en haulte voix par lesd. chappelain et prebres de lad. communaute estre ce [le] bree, chacun an perpetuellement, en lad. esglize. Item (?), pour icelle dire et celebrer, a legue et donne, ezd. chappelain et prebres, quatre solz t^s de rante qu'il a sur la maison de Gilles Ausecrestain, d'Ahun, situee dans lad. ville d'Ahun, situee en la rue neufve ; desquelz quatre solz rante, led. Evrard a faict lesd. chappelain et prebres vrais seigneurs, utilz possesseurs, donnant en mandement, par ces presentes, que led. Gilles face rendement et poyement desd. quatre solz rante ezd. chappelain et prebres a chascune feste de Nostre Dame d'aoust, et en les leur poyant, le quitte pour lad. maison, par cesd. presentes, voulant que toutes et quantes foys que ses hoirs (1) leur bailleront cinq livres, que iceulx quatre solz soient a sesd. hoirs (sic). Item, a volu et ordonne que toutes (2) (sic) soient poyes. Item, ordonne Gabriele, sa femme, estre maistresse de tous ses biens et droictz, usufructueresse sa vie durant, sans les pouvoir vendre. Et pour ce que institucion de heritier est fondement de testament, a faict et ordonne son heritier universel et seul de tous ses biens et heritaiges, Jacques, son fils, appres son trespas, et que d'iceulx biens il en joysse et use comme siens. Item, a bailhe, ordonne et donne par maniere d'appanation a Katharine, sa fille, pour icelle marier, une sienne certaine maison et vargier contigue derriere icelle, situee dans la ville d'Ahun, tenant d'une part a la maison dud. Gilles Secrestain, d'aultre a la maison et vargier de Jehan Lamy, d'aultre au vargier de (3)... an Bleu, et d'aultre a la rue neufve d'Ahun, avecques ses apartenances, ensemble soixante livres une foys poyees par ses hoirs, lesquelles a assignees et assigne sur tous et chacun ses aultres biens. Et pour fere et entretenir ceste presente ordonnance et testament, et pour icceluy acomplir, a volu et ordonne, veult et ordonne que les charges, donations et fondations, et tout

(1) Il s'agit ici des hoirs de Gilles Ausecrestain.

(2) Evidemment « toutes ses dettes ». En tête de presque tous les testaments d'autrefois on lit la phrase : *Volo quod clamores mei* (ou *debita mea*) *emendentur*.

(3) Un trou dans le parchemin. Il faut lire probablement Jehan.

ce qu'il a ordonne soit faict et acomply ; et, pour ce faire, a ordonne ses executeurs noble homme Jehan Le Clerc de Ceyvac, s^r dud. lieu, et maistre Jehan Auclerc, d'Ahun, et chacun d'eulx, ausquelz et a chacun d'eulx led. testateur a donne et donne pouvoir, puissance et mandement special, luy trespasse, de prandre tous et chacun ses biens, et les mectre en leurs mains jusques a ce que les chouses dessusd. soient de tout en tout accomplies; et a volu et ordonne led. testateur que cestuy present testament soit bon et valable et qu'il tiengne (?) par droict de testament et darriere ordonnance ou aultrement en toutes meilleures formes que faire se pourra, et renonce à toutes actions, exepcions, decepcions et autres chouses es presentes contraires, et au droict disant la generale renonciacion non valloir si la speciale ne precede, — revoquant et anullant tous autres testaments s'aucuns en y a, en obligant par ces presentes tous ses biens par la teneur des presentes, suppliant mons^r le Chancellier de mettre es presentes scel. Faict, presens ad ce maistre Anthoine d'Anzesme, Anthoine de Villars, notere, prebtres (?) ; maistre Jehan Auclerc, bachellier en loix, notaire de la Marche, et Jehan Garreau, habitants d'Ahun, tesmoins appeles, le douze-yesme (sic) jour du moys de may, l'an mil quatre cens quatre vingtz et quatorze. — GUAUL (?).

Cote : *Testament d'Evrard, qui donne 4s de rente sur les maisons des Segretains d'Ahun, pour luy faire un anniversaire, 1494.* — Sur une fiche de papier attachée à la pièce : *Testamant de Evrard d'Espinques, habitant d'Ahun, du 12 may 1494, qui lègue a la communaute des prebtres d'Ahun 4s de rente sur les maisons des Segretains d'Ahun, pour luy faire un anniversaire, 1494.*

III

Conventions préliminaires en vue du mariage de Jacques Evrard avec Jeanne Phelipon, de Barbant. Copie non signée de l'époque, papier. — 1er janvier 1500.

Au tracte de mariage que s'accomplira en Saincte mere esglise, se Dieu plaict, de Jacques Evrard, d'Ahun, et de Jehanne, filhe de Leonard Phelipon, de Barbent, paroisse de Sainct Laurens, et de noble Daulphine de Brughac, femme et espouse dud. Leonard

Phelipon, led. Jacques susd. a promis et promect a prandre pour femme et espouse lad. Jehanne susd, toutes et quantes fois que elle ou ses parens et amys l'en requerront; et aussy lad. Jehanne susd. a promis et promect a prandre led. Jacques susd. toutes et quantes fois que par luy, ses parens et amys en sera requise. Pour ce est il que aujourduy, premier jour de janvier, l'an mil IIII^{c} IIII^{xx} et dix et neuf, personnelement establis led. Leonard Phelipon, de Barbent, et noble damoiselle Daulphine, sa femme, pere et mere de lad. Jehanne, leurd. fille, en faveur et contemplation de leurd. mariaige, pour le faire et acomplir en sainte mere esglise en temps de nociapbles (1), de leur bon gre etc. ont promis et prometent bailler a lad. Jehanne, leurd. fille, et aud. Jacques, son futur espoulx, en dot et pegulière (2), c'est assavoir la somme de sept vingtz livres tournoises, monnoye courrant, ung lict garny de coite, cuysin, couverture, linceux : lad. Jehanne abille a la volonte de sond. pere et de sad. mere, — et non aultre chouse, sauf et reserve a lad. Jehanne nouvelle et legitime eschoite (3), si le cas y advenoit. De laquelle somme susd. desd. VII^{xx} livres tournoises, led. Leonard Phelipon et lad. Daulphine, sa femme, ont promis bailler a lad. Jehanne leurd. fille et aud. Jacques, son futur espoux, le jour de leurs nopces, la somme de (4) livres t^{s}, lesquelles il congnoit et confesse avoir heue et receue, et les assigne a lad. Jehanne, sa future espouse, sur tous et chascun ses biens meubles et immeubles, et le surplus restans de lad. somme susdite sera a l'esgard (5) de nobles hommes Guillemyn de Guerect et Jehan de Seyvac, lesquels en diront et desponseront aux nopces (?); et ont promis, jure, etc., renonce, etc. oblige, etc. octroye lectres, etc. en la meilleure forme soubz le seel de la chancellarie de La Marche et officialite de Limoges et

(1) *In tempore nuptiabili.*

(2) C'est le mot roman *pegulhiera*, de *peculiaris*,

(3) On trouve souvent ce mot, dans le sens général d'acqnêt, bénéfice, part de profit sous sa forme, romane et bas-latine ; *Echeyta.*

(4) L'indication de la somme payée comptant a été laissée en blanc.

(5) à l'avis, à l'estimation de. Cette expression : *ad Esguardium* est assez commune.

chescune d'icelle. Fait, ad ce presens noble homme Guillemyn de Guerect, escuyer, seigneur de Brugnac; noble homme Jehan de Seyvac; Jehan Garreau, dict de Bourges, tesmoingz appeles.

Cote: 1499. *Contrat de mariage de Jacques Evrard avec Jeane Felipon.*

Les lecteurs de la notice ci-dessus ne seront pas fâchés de savoir que les ouvrages enluminés par Evrard d'Espinques au cours des années 1479-1480 et dont il est parlé au *compte* publié à l'appendice de notre travail, existent tous les deux : l'un, le « Propriétaire », à la Bibliothèque nationale, où il porte le n° 9.140 de fonds français ; l'autre, *Tristan*, dans la Bibliothèque de Chantilly. L'attention de notre compatriote Antoine Thomas, à qui nous avions communiqué, les épreuves de notre notice, avait été appelée par la mention d'une localité du nom de Lisle, où Evrard avait exécuté une partie de son travail, et il s'était demandé si le personnage pour qui notre enlumineur avait illustré les deux ouvrages en question ne serait pas Jean du Mas, seigneur de Lisle, lequel accompagnait Pierre de Beaujeu dans l'expédition contre le duc de Nemours et dont le propre frère était Pierre du Mas, abbé du Chezal Benoît : « Monsieur de Chazeaubeneix » du compte. Or ce Jean du Mas possédait un certain nombre de manuscrits dont la plupart ont trouvé asile à Chantilly. M. le duc d'Aumale a même publié à Londres, en 1854, des *Notes sur deux petites bibliothèques françaises du XVe siècle* fournissant des renseignements précieux sur cette collection. Chantilly ne possède pas moins de douze volumes ayant appartenu à Jean du Mas. Dans leur liste figure un *Tristan* en trois volumes in fol° max°, avec nombreuses miniatures.

Nous ne saurions assez remercier M. Thomas de l'obligeance qu'il a bien voulu mettre à nous communiquer l'heureux résultat de ses recherches.

de vue militaire; le gouvernement de la province de Pannonie Supérieure, où résidaient trois légions; c'était un poste consulaire.

Le texte ne peut donc être antérieur à 103, époque à laquelle les deux Pannonies ne formaient encore qu'une seule province; il n'est certainement pas postérieur à l'an 297, car dans la liste de Vérone, rédigée à cette date, la province de Pannonie Supérieure a disparu pour faire place à deux nouvelles divisions administratives : *Pannonia I* et *Pannonia II*.

Les lettres sont alignées avec soin, et bien gravées; mais leur forme dénote une assez basse époque. L'inscription ne semble pas pouvoir remonter plus haut que le milieu du IIIe siècle.

J'ai fait entrer ce texte intéressant au musée du Bardo, qui se développe de jour en jour.

UN BIBLIOPHILE FRANÇAIS ET UN ENLUMINEUR ALLEMAND À LA FIN DU XVe SIÈCLE : JEAN DU MAS, SEIGNEUR DE L'ISLE, ET ÉVRARD D'ESPINQUES, PAR M. ANTOINE THOMAS.

L'enlumineur Évrard d'Espinques n'était connu jusqu'ici que par une courte notice que lui a consacrée feu Pierre de Cessac en 1887 [1]. Il résulte du témoignage de son petit-fils, Simon Évrard, notaire à Ahun, dans la Marche, vers 1560, qu'Évrard d'Espinques était originaire du diocèse de Cologne, qu'il avait habité d'abord Paris, et qu'enfin, entré au service du duc de Nemours et comte de la Marche, Jacques d'Arma-

[1] *Évrard de Pinques, peintre enlumineur de Jacques d'Armagnac*, p. 60-63 du tome VI des *Mémoires de la Société des sciences naturelles et archéologiques de la Creuse*. Nous adoptons, avec M. L. Guibert, l'orthographe *Évrard d'Espinques*.

gnac, il s'était fixé dans la petite ville d'Ahun sous le règne de Louis XI. Aux termes d'une supplique, dont on ne possède qu'une copie *mutilée et sans date*, Jacques d'Armagnac lui avait constitué, au moment où l'artiste se maria dans ses terres, une rente sur son trésorier de la Marche «pour aucuns bons et agréables services qu'il luy faisoit chascun jour de son mestier de enlumineur et qu'il esperoit qu'il feroit le temps advenir». Une note, dont P. de Cessac n'avait pu contrôler l'exactitude, indiquait qu'Évrard d'Espinques avait fait son testament en 1494 : vraisemblablement il mourut peu de temps après.

M. Louis Guibert, secrétaire général de la Société archéologique et historique du Limousin, a eu la bonne fortune de trouver, l'an dernier, dans les papiers d'une famille d'Ahun alliée à la famille Évrard, d'importants documents sur l'enlumineur de Jacques d'Armagnac, documents qu'il a signalés au dernier Congrès des sociétés des beaux-arts, et qu'il imprime en ce moment même dans les *Mémoires de la Société des sciences naturelles et archéologiques de la Creuse*. Ces documents sont au nombre de trois : 1° le contrat de mariage de Jean Évrard, fils de l'enlumineur (1500); 2° le testament d'Évrard d'Espinques lui-même (1494); 3° un mémoire, qui paraît autographe, des travaux d'enluminure exécutés par Évrard d'Espinques du 1er août 1479 au 1er novembre 1480.

M. Louis Guibert ayant bien voulu me communiquer les épreuves de l'article où il publie et commente ces documents, je me suis attaché à la solution d'une question qu'il n'avait pu résoudre définitivement, celle de savoir pour qui Évrard avait travaillé en 1479-1480. J'ai pu du même coup retrouver et le nom du seigneur pour qui travaillait l'enlumineur et les manuscrits mêmes qu'il avait enluminés, lesquels se sont heureusement conservés. Ce double résultat me paraît important en ce qu'il constitue dans l'histoire de la miniature en France un repère comme on en trouve peu d'établis, et où viennent en quelque sorte converger tous les renseignements que l'on peut souhaiter connaître sur une œuvre d'art : le nom et le *curriculum vitæ* de l'artiste, le lieu et la date de l'exécution, le nom du seigneur pour qui le travail a été fait, le mémoire des couleurs employées, du salaire payé, etc. Laissant à d'autres plus compétents le soin d'utiliser toutes ces données pour reconstituer et apprécier l'œuvre d'Évrard d'Espinques, je me bornerai à exposer brièvement par quelle série d'inductions je suis arrivé au résultat que je viens d'annoncer : cette simple exposition montrera, je crois, que la certitude du résultat ne peut être contestée.

Les premières lignes du mémoire n'ont pu être déchiffrées par M. Guibert, tant elles sont effacées ; elles contenaient peut-être le nom du personnage pour qui l'artiste travaillait. En tout cas, j'ai supposé *à priori* que ce personnage devait résider en un lieu appelé « L'Isle », puisque Évrard nous apprend qu'il a « demouré pour enluminer et hystorier lesdits livres, *tant a L'Isle que audit lieu d'Ahun*, quinze mois entiers ». Par suite, j'ai pensé à Jean du Mas, seigneur de L'Isle[1], dont le nom revient plusieurs fois dans un recueil sur l'histoire de la Marche, commencé il y a plus de vingt ans et augmenté au jour le jour depuis, malgré l'entraînement d'études toutes différentes; le 14 février 1476, Pierre de Beaujeu, gendre de Louis XI, chargé de mettre la main sur les possessions et la personne de Jacques d'Armagnac, se trouve à Guéret et expédie des lettres de commissions, « le s^r de L'Isle present » ; le 31 décembre de la même année, les trésoriers généraux de France donnent une assignation de 1,500 livres sur le

[1] Château aujourd'hui en ruines, commune de Touchay, canton de Lignières (Cher).

receveur royal dans la Marche à «Jehan du Mas, escuier, s[r] de L'Isle», par ordre du roi, etc.

Évrard nous apprend que, pendant qu'il travaillait à Ahun, il devait toucher une indemnité de quinze sous par mois, dont le taux avait été fixé «par *Mr de Chaseauben.* (avec une abréviation suspensive) et par Jacques Barthonnier». J'ai pensé que *Mr de Chaseauben.* devait être un abbé de *Chézal-Benoît* en Berry[1] : vérification faite dans le *Gallia christiana*, l'abbé de Chézal-Benoît, nommé par un bref apostolique du 18 août 1479, n'est autre que Pierre du Mas, frère du seigneur de L'Isle.

Je pouvais alors en toute tranquillité chercher si, parmi les les épaves de la collection formée au xve siècle par Jean du Mas se trouvaient les deux ouvrages enluminés par Évrard d'Espinques : un *Tristan* en trois volumes et un *Proprietaire*[2] en un seul. Je n'ai pas eu à aller bien loin. Le précieux *Cabinet des manuscrits* de M. Léopold Delisle m'a appris non seulement que deux manuscrits de la Bibliothèque nationale portaient la signature de Jean du Mas (ce n'étaient pas ceux que je cherchais), mais qu'un nombre assez considérable de manuscrits de même provenance se trouvaient dans la riche collection de Chantilly et avaient été signalés par M. le duc d'Aumale lui-même en 1854, dans un mémoire intitulé : *Notes sur deux petites bibliothèques françaises du xve siècle.* Parmi les douze volumes «somptueusement décorés» que signale M. le duc d'Aumale, les n°s 315, 316 et 317 constituent précisément un *Tristan* en trois volumes, écrit dans la seconde moitié du xve siècle par «Gilles Gassien, natif de la ville de Poitiers», dont on peut à coup sûr considérer les «nombreuses miniatures» comme étant l'œuvre d'Évrard d'Espinques.

(1) Canton de Lignières (Cher).

(2) Nom donné au traité *De proprietatibus rerum* de Barthélemy de Glanville traduit en français pour Charles V par frère Jean Corbichon.

Restait à trouver le *Propriétaire*. Non seulement M. le duc d'Aumale ne signale pas cet ouvrage parmi les manuscrits du fonds du Mas, mais l'inventaire sommaire des manuscrits qui existaient à Chantilly au moment où la Révolution en amena la confiscation, inventaire conservé à la Bibliothèque nationale et dont je dois la connaissance à M. Omont, ne mentionne aucun *Propriétaire*. En revanche, les *Propriétaires* ne manquent pas à notre Bibliothèque nationale. M. Léopold Delisle, dans son *Inventaire des manuscrits français*, en signale dix-huit. Je déclare tout de suite que je n'ai pas eu à les examiner un à un pour retrouver parmi eux l'exemplaire de Jean du Mas, enluminé par Evrard d'Espinques. Ayant eu l'heureuse idée de relire, sur ces entrefaites, les *Notes* publiées il y a trois ans par M. Durrieu sur quelques manuscrits français ou d'origine française conservés dans les bibliothèques d'Allemagne, j'y ai trouvé, assez à l'improviste, l'indication que le manuscrit français 9140 de la Bibliothèque nationale est aux armes de la famille du Mas[1]. Or ce manuscrit est un *Proprietaire*; l'écriture est de la seconde moitié du xve siècle, les miniatures y abondent, et je n'hésite pas à y reconnaître, comme dans le *Tristan* de Chantilly, l'œuvre de l'enlumineur allemand d'Ahun, Évrard d'Espinques.

LE RÈGNE DE SÉLEUCUS II CALLINICUS ET LA CRITIQUE HISTORIQUE,

PAR M. A. BOUCHÉ-LECLERCQ.

L'histoire du règne si mouvementé de Séleucus Callinicus est contenue tout entière — sauf quelques renseignements accessoires — dans trois récits sommaires, le *Prologue* xxvii de Trogue Pompée, le chapitre xxvii de Justin et une notice de l'Eusèbe (Porphyre) arménien; on se proposera ici d'examiner l'usage qui a été fait de ces trois sources depuis Niebuhr. L'il-

[1] *Bibliothèque de l'École des chartes*, 1892, p. 133, note.

www.ingramcontent.com/pod-product-compliance
Lightning Source LLC
LaVergne TN
LVHW020630110826
845149LV00004B/1125

* 9 7 8 2 0 1 9 1 7 6 4 6 4 *